Stamatios Paraskevas

Die Aufklärung

Die Aufklärung

Neue Sichtweise

Aphorismen

von Stamatios Paraskevas

TWENTYSIX
Eine Marke der Books on Demand GmbH
© 2023, Stamatios Paraskevas
Herstellung und Verlag:
BoD – Books on Demand, Norderstedt.
ISBN: 9783740787806

Vorbemerkung

Die linken Seiten sind leer, damit die Leserinnen und Leser dort ihre eigenen Gedanken notieren können.

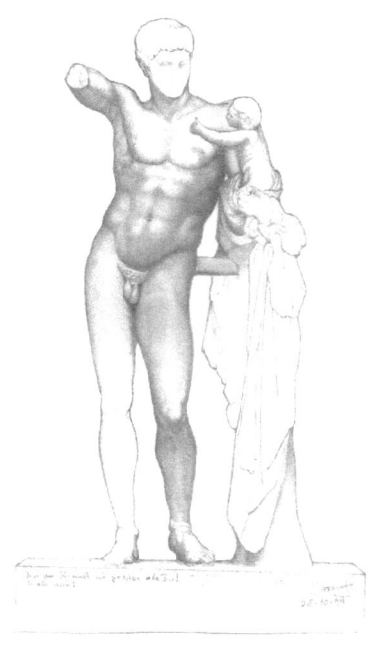

Nur der Himmel ist größer als Du,
Sieh nur!

Jemand sagte einmal, alles ist irgendwie schon gesagt worden, so oder anders, und du kannst das Leben so lange ertragen, solange du es nicht verstehst. Das kann nicht sein. Es muss eine andere Ebene existieren, auf der man leben kann, wenn man es verstanden hat. Du wirst geboren, sagt man dir, man schenkt dir das Leben, wobei das Einzige, was man dir schenkt, der Tod ist, denn ob man leben wird, weiß man nicht, aber dass man sterben wird, das ist sicher. Ich wechsele von einem Thema zum anderen, ja?

Ich nehme wahr, also existiere ich,
ich denke, also gebe ich eine Form,
ich gestalte!

Der Körper ist nicht das Haus,
sondern das Innere des Hauses.

Stell dir einen Strohhalm in einem Glas Wasser vor, der Strohhalm ist der Körper und das Wasser die Energie, die in dir und um dich ist, das ist deine wahre Natur!!

Der Mensch ist ein Energiefeld, eine Sphäre.

Übrigens wurde kürzlich eine Explosion im Universum beobachtet, die eine perfekte Kugelform bildete. Man hat keine Erklärung dafür. Gestalten sich das Universum und die Menschen gegenseitig?

Brauchst du einen Gott?
Ich stehe zur Verfügung!

ODER: Kaiphas fragte Jesus, bist du ein Gott? Antwortete er, du hast es gesagt!

Jesus dachte sich dabei aber, ich stehe zur Verfügung, damit nicht die Prophezeiung verloren geht!

HA! HA!

Was für euch das Paradies ist, ist für mich die Hölle. Herumzutrödeln wie ein bescheuerter Engel, statt herumzureisen zu den Galaxien, ins wahre Paradies, neue Lebensformen anzunehmen usw., kann ich mir nicht vorstellen.

Was die wahre Hölle für mich ist: Euch alle wieder zu treffen! Egal wo!! Nach diesem Leben natürlich!

Die Zeit beginnt mit dir und endet
mit dir. In der Zwischenzeit kannst
du Gott sein. Aber du versteckst dich
hinter dem, was du tust, arbeitest!
Ist das nicht schade?

Es gibt viele Homo sapiens, aber
wenig Anthropos (Mensch), der
leider in dir im Koma liegt.
Manchmal meldet er sich, aber du
hörst seine Stimme nicht.

Denn die meisten Menschen
existieren nur aber die leben
nicht.

Was du dir vertraut gemacht hast, du bist für DEINE Rose verantwortlich, jeder für seine. Sie kann alles sein, was du dir im Laufe deines Lebens vertraut gemacht hast, z. B. Erkenntnis.

Ich habe die Schlange getötet, dieses Monster aus Energie. Der Weg ist frei!!!

Nämlich die Schlange (die übrigens sieben Meilen lang ist), die in allen Kulturen und Religionen erwähnt wird. Sie ist das Energiemonster, das uns nach diesem Leben erwartet, wie es die Schamanen, die Zauberer aller Stämme, z.B. in China, im antiken Griechenland, in Ägypten, bei den amerikanischen Indianern (Hopi, Inkas) gesehen haben.

Du wirst nicht ein Mensch, sondern du bist als solcher geboren.

Aber du bist nicht geboren als Grieche, als Deutscher, sondern als Mensch, du wirst erzogen als ein Grieche, ein Deutscher, ein Christ, ein Muslim usw.!!

Wie werden wir alle erzogen? Es stellt sich die Frage, was ist Erziehung und was Missionierung, die Grenzen vermischen sich und die Erziehung wird chaotisch. Denk mal darüber nach, Homo sapiens!

Ich bin ein ernster Mann und lebe
ein lächerliches Leben,
betrachtend das ernste Leben
lächerlicher Männer.

Nimm dir jeden Tag die Zeit, still zu sitzen und den Dingen zu lauschen.

Achte auf die Melodie des Lebens, welche in dir schwingt.

Und vollbringe die Tat.

Die Wirklichkeit des wahren
Menschen ist aktiv, etwas
Werdendes, selbst wenn er ruht,

stattdessen

die Realität der meisten ist statisch,
fest, festgefahren, selbst wenn sie
scheinbar aktiv sind.

Als ich explodierte in tausend Stücke,
war ich in der Welt, statt sie nur
anzuschauen.

Ich war nicht aus festem Stoff,
besser gesagt, ich bestand aus dem
Nichtstoff. Tao.

Was tun die unserer Mutter Erde an!

Denn die Erde hatte eine Seele lange bevor wir Homo sapiens erschienen sind. Alles hat eine Seele.

Nach all den Kreuzungen aller menschenartiger Spezies (z. B. der Neandertaler hat sich vereinigt mit dem Homo sapiens usw.). Den Neandertaler hat übrigens derselbe Gott erschaffen wie uns, Ebenbild Gottes auch, denk mal darüber nach.

Wir wissen über sie, sie wussten aber voneinander nicht. Sie meinten, ein schlecht aussehender Mensch sei der Neandertaler, aber ein Mensch. Und jetzt haben wir alle 3% von denen, weil sie das Natürlichste getan haben, sich ineinander verliebt haben. Und wir sitzen immer noch da und wir reden über Rassen, Nationen und Religionen. Dabei ist das Ganze nur eine Frage des Rahmens.

Anmerkung
Rahmen: Rahmenbedingungen im Leben (Mikrokosmos), Universum (Makrokosmos)

Wir leben in einer globalisierten
Welt, die der Fachidioten!!!

Das Leben ist eine Explosion,
danach bist du in der Welt, statt sie
nur anzuschauen!!!

Und alles ist möglich!!!

Sage mir, habe ich meinen Part gut gespielt in dieser Komödie, die man Leben nennt?

Ich wusste nicht, dass sie wussten,
dass ich nicht wusste, dass sie
wussten, was ich dachte. Telepathie.

Tief wollten sie mich begraben,
aber sie vergaßen, dass ich ein Same
bin.

Ich habe gerade nichts zu tun, aber wenn du einen Gott brauchst, bin ich verfügbar! HA!

So viel zum Christentum!

Prophezeiung: Wenn die ganze Welt in diesem glücklichen Moment sich zusammenfindet, nämlich in derselben Sekunde alle Kreaturen scheißen, diesen ergreifenden Moment der Befreiung erleben, wird sie erleuchtet!! HA!

So viel zum Buddhismus.

Wenn der Moslem ins Paradies kommt, bekommt er zehn Jungfrauen. Fickt er sie, werden sie zur gewöhnlichen Fotzen. Für alle Ewigkeit!!! HA!

So viel zum Islam.

Die heilige Mutter von Jesus war eine jungfräuliche Lesbe, die ihn adoptiert hat! HA! HA! Die Sappho von Judäa. HA! HA!

Was ist natürlicher als das - was?!

Jungfräulich geboren, entweder alle oder keiner, Homo sapiens.

Dabei gibt es kein Paradies, keine Hölle, alles, was es gibt, ist die Reise in andere Galaxien und auf dieser Erde die Versprechungen von Mara, dem Gegenspieler von Buddha.

Tausendvierhundert Jahre nach dem Alten Testament und 600 Jahre nach Christi Geburt kam einer, der behauptete, er sei der Nachkomme von Ismael, einem im Alten Testament Vergessenen, und er hat eine neue Religion gegründet. Er hat alles integriert, heidnische Elemente(Meteorit: Zeichen Gottes ‚Kaaba) und die Neigung des Menschen zur Gewalt(Djihad) sowie testamentarische Elemente und vereinfacht damit jeder es nachvollziehen kann.
Ein Genie! Der hieß Mohammed. 1400 Jahre danach!!!

(Mohamed wird zugeschrieben, dass er die Stimme des Erzengels Gabriel hörte und dass er eine Reise zu einer „fernen Kulturstätte", im Volksmund Himmelfahrt, angetreten hat.)

Kann es sein, dass Mohamed trotz oder auch wegen seines Genies psychotisch war?

Himmelfahrt, psychotischer Schub? Die Stimme des Erzengels Gabriel gehört, einfach Stimmenhören? Was würde man heutzutage dazu sagen, hätte er heute gelebt. Stell es dir vor!

Damals galten die Schizophrenen als Lieblinge der Götter, andere versuchten sich in Ekstase zu versetzen und die Menschen konnten sich diesen Zustand nicht erklären.

Der Gedanke an Auferstehung verdient an sich Respekt. Und wer hat es gesehen? Natürlich Jesus' Lebenspartnerin, Maria Magdalena. (Übrigens nur sie hat ihn verstanden). Damals gab es viele Wunderheiler und Erlöser, aber keinen, der die Idee von der Auferstehung hatte. Respekt!

Betrachten wir Jesus näher: Konnte er schreiben und lesen? Selber hat er nichts geschrieben, das wird nirgendwo erwähnt. Dass er erzählen konnte, das wird erwähnt, sonst nichts. Ein Analphabet also, aber ein guter Geschichtenerzähler, umso mehr Respekt vor seiner Idee (Er hat übrigens auch mit Gott geredet, einfach Schizophren?). Aber auch umso unglaublicher ist es, dass an ihn so viele glauben. Tausend-und-eine-Nacht-Märchen kann ich dazu nur sagen.

Ich bin die Erschütterung in der
Raumzeit!

Ich explodierte, ich schrumpfte
und die Energie fand durch die Brust
ihren Weg nach draußen, sprudelnd,
so wie ein Pulsar-Mikrokosmos,
Makrokosmos auch der Mensch.

An welchen Gott in welchem
Universum soll man glauben?

Die grausamsten Lügen sind die
Wahrheiten, die man nie ausspricht!

Abraham und Moses hörten beide die Stimme Gottes, heutzutage würde man sagen, dass beide einfach schizophren waren. So viel zum Judentum!! Ha!

Für den Fehltritt einer Minute kann
man jahrelang bezahlen.

(Indischer Spruch)

Wo Buddha hingetreten ist, sind Lotusblumen gewachsen, wo er geschissen hat, Bäume. Starker Dünger, verstehst du? HA!

Komm zu Papa, komm zu Papa, er hat dich zum Fressen gern!

Sagte Gottvater zu Jesus! HA!

Wie oft hat sich Jesus gebadet?
Einmal, bei der Taufe! HA! HA!

Ich habe gerade nichts zu tun, aber wenn du einen Gott oder Propheten brauchst, stehe ich zur Verfügung! HA! HA! So viel zum Monotheismus.

Denn der schizophrene Abraham (wenn er heute gelebt hätte, Stammvater des Monotheismus, um 1700 v. Chr.) hörte eine Stimme, als er allein in der Wüste war, und sagte zu sich: Ich bin allein, wer spricht zu mir? Und siehe, so einfach war die Gegenwart Gottes erwiesen. Er hat sich sozusagen selbst überzeugt! Lachen. (Es war einfach eine neue Idee. Polytheismus war bis dahin bekannt.) Wir verdanken also die Gegenwart Gottes einem schizophrenen Australopithecus! Mit Ausnahme der echten Menschen (z.B.: Empedokles). Die Sprünge der Evolution, so einfach ist das!(Altes Testament um 800 v. Chr.)

Die Lebenserwartung lag damals bei 30 Jahren, und der Mythos, Abraham sei 170 Jahre alt geworden, ist auf Wunschdenken zurückzuführen. Genauso werden Mythen erschaffen.

Psychedelisch: Die Seele offenbart sich.

Das einzige Sichere in diesem Leben ist, dass wir sterben werden, dass das Sonnensystem und das ganze Universum zerstört werden. Das ist der Wissensstand von heute. Also wo ist der Sinn? Wenn nicht in unseren Empfindungen, durch die wir in der Lage sind, Schwingungen wahrzunehmen. Die damalige bekannte Welt hatte ja ihre Götter und Erklärungen.

Was ist ein Augenblick wert?
Vergangenheit ist schon vorbei,
Zukunft ist Fantasie, nur die
Gegenwart ist erfahrbar. Kurz gesagt:
Alles und Nichts!

Und dieses Paradies, wo soll es sein? Dieses Universum hat ein Ende, ob jetzt oder in 13 Milliarden Jahren, es hat ein Ende. Also wo ist dieses Paradies, es soll angeblich ewig dauern. Also was soll der Unsinn?! (Lachen)

Gehe zum Paradiese! Gehe aber jetzt gleich! Aber allein. (Lachen)

Das Geld ist ein guter Diener, aber
ein schlechter Herr!

(Beduinischer Spruch)

Es gibt die Realität der meisten und
die innere Wirklichkeit, ich habe
diese Realität mit meiner Wirklichkeit
überflutet!!! Ich hätte nehmen sollen.
Was mein Herz begehrt hat!!!
Schade!!

Intuition ist direkte Wahrnehmung!

Es ist dem Menschen möglich, die letzte Wirklichkeit des Universums zu erreichen. (Upanishade)

Wissen ist Tat. Wissen ist Erlebnis.
Es beharrt nicht. Seine Dauer heißt
Augenblick!

Sie berauben ihre eigenen Kinder der Möglichkeit, Götter zu werden! Oder einfacher: Buddhas!! Oder einfacher: wahre Menschen!!! Wenigstens die Kinder, die das Pech hatten, unter der monotheistischen Diktatur aufzuwachsen und mit der analogen Gehirnwäsche!!!

Was anderes: Die Christen glauben doch an die Auferstehung aller Christen, und die setzt voraus, dass die Knochen intakt bleiben. FRAGE: Wo sind die Knochen aller Christen seit 2000 Jahren und was geschieht, wenn es weitere 2000/5000 Jahre dauert, bis es geschieht? Bedenke, wie viele Milliarden Christen es schon gibt, und was wird aus all diesen Knochen werden? Es gibt jetzt schon Probleme mit der Aufbewahrung, geschweige in 5000 Jahren. Absurd, nicht wahr? Ich lasse mich lieber verbrennen und gehe ins Nichts, was ja auch die Bestimmung dieses Universums ist.

Lebende Legenden werden zu
Mythen, Mythen zu Überzeugungen,
und diese zum Glauben!!

Es wird viel Scheiß betrieben wegen der Tradition, z. B. gab es Brahmanen und ihre Götter und dann hat Buddha alles auf den Kopf gestellt und dann wurde er auch zur Tradition. Ich finde Religionen bedürfen auch der Erneuerung (so wie Kunst und Wissenschaft), und das alles bezogen auf die letzten 3000-5000 Jahre. Und der Rest?

John sagte, dass Maria sagte, dass Michael sagte, dass Peter sagte usw., dass es so passiert ist, dass er so etwas getan bzw. erzählt hatte. Verstehst Du?!!

Übrigens haben die Römer die Juden und Christen aus politischen und nicht aus religiösen Gründen verfolgt, wenn man also die Passion Christi an Ostern zeitlich auf 6 Monate ausdehnt, bekommt das Ganze eine politische Dimension. Verstehst du?

Dämon: Siehe nach, was es bedeutet auf Altgriechisch!! Erster Tipp: wohlwollende Gottheit in der griechische Mythologie. Zweiter: Empedokles (er bezeichnete sich selbst als unsterblichen gutmütigen Dämonen). Dritter: Erst danach wurde daraus Satan im Monotheismus.

Vertragt Euch und vergleicht Euch nicht ständig. Das ist das Problem!!

Wir werden alle eines Tages sterben, einer nach dem anderen oder alle auf einmal, was macht das für einen Unterschied? Die Ironie ist, dass auch der Planet eines Tages untergehen wird, und das Dumme daran ist, dass es Krieg gibt, anstatt dass wir uns das Leben so angenehm wie möglich machen. Homo sapiens, verstehst du, was ich meine?

Was haben Adolf Hitler und Jesus gemeinsam? Sie haben beide die Verantwortung auf sich genommen. Einer hier und der andere im Jenseits! (ewiger Ruhm, ewiger Lohn)

Manche meinen, wir sollten diesen Planeten verlassen; ich meine, dieses Universum!

Wir wissen, dass wir sterben, wir wissen, dass die Menschheit irgendwann aussterben wird. Also welchen Sinn hat das? Außer dass wir selbst in andere Galaxien, Universen reisen in Form von Bewusstsein und Lebenskraft bzw. Energie. Wir sind der Versuch der Materie zum Geist hin. So oder so!!

Man sollte leben, wie man kann, und nicht, wie man will!

Ohne wenn und aber !!

Die Erlösung wird gewonnen und sie wird nicht geschenkt!!

Ich bin verloren, ich gehe ins
Paradies! Trotz der Melodie des
Lebens war ich verbohrt in GOTT.
Großer Fehler.

Tolteke guck mal, eine tolle Theke!!!

Am Tag des Endes des Erdöls ist das Ende der Globalisierung und der Zivilisation!!

Und was wird passieren, Buddha, wenn die Menschheit erleuchtet wird? Werden nicht alle fossile Brennstoffe verbrannt, wird nicht sowieso alles zerstört? Ist die Welt nicht dem Untergang geweiht? Also was soll der Unsinn?

Stell dir vor, die Menschheit ist aufgeklärt, die Frauen haben die Macht übernommen, es herrscht Frieden, aber die Welt geht trotzdem unter, weil sie im Teufelskreis des Energieverbrauchs gefangen ist. Wer will im Winter nicht heizen, kochen, waschen usw.? (Industrie, Autos, Flugzeuge, Öltanker usw.) Der Klimawandel ist da, und er ist unser Untergang, so oder so.Sokrates, Jesus und Co. wussten nicht einmal, was fossile Brennstoffe sind, und das Wetter war noch in Ordnung, aber heute?

Es ist einfach Wahnsinn, nur Lächeln das ist alles was man tun kann.

Wir wissen, dass die Sonne irgendwann explodiert und die Erde mit ihr. Dann stehen wir da ohne Bezugspunkt. Wo soll die Auferstehung der Toten dann stattfinden? Und wo soll dann das Paradies sein? Idiotisch! Das einzige, was Sinn macht, ist die Reise in andere Galaxien, in andere parallele Universen, mit eigenem Bewusstsein und der eigenen Lebensenergie!!

Wir leben in einer Welt ohne Sinn.
Der Sinn wird ersetzt durch Klassen,
Nationen, Religionen usw. Das sind
alles Rahmenbedingungen, die
gesprengt werden müssen, um die
wahre Wahrheit zu erfahren!!!

Am Ende dieser Reise des Verlusts wartete das Glück draußen vor der Tür. Ich bin nicht rausgegangen.

Sie züchten tausende Rosen und finden nichts. Dabei kann man in einer einzigen Rose und in ein bisschen Wasser die Wahrheit finden. Die Augen sind blind, man muss mit dem Herzen suchen.

Ich hatte das Wie und fragte,
warum!!! Dumm, nicht wahr?

Die Schnecke ging zum Kirschbaum und die Vögel sagten zur ihr: Du Dummkopf, siehst du nicht, dass es keine Kirschen gibt? Und sie antwortete: Wenn ich ankomme, wird es welche geben! Und sie lachte.

Die Erlösung selbst auch wird
verdient und nicht geschenkt.

Denn eine unendlich
materielle Welt lässt keinen
Raum für ein Jenseits , da
zeitliche Anfangslosigkeit des
Universums eine Schöpfung
und deren ewiger Bestand ein
Jüngstes Gericht ausschließt.

Außerdem wie man einen
Australopithecus als Gott haben
kann, ist mir schleierhaft.

Denn Gott und Australopithecus,
das ist ein Widerspruch in sich.

Mit dem Tod kommen wir in den ursprünglichen Zustand, in dem wir waren, vor der Geburt! Also was soll der Unsinn?

In diesem unendlichen Raum, diesem Universum der unendlich vielen Galaxien wohnt Gott ausgerechnet bei uns, in unsere Milchstraße, in unser Sonnensystem? Es ist absurd, einfach absurd!!!

Der Papa hat seinen Sohn geschickt,
der Rest der Ochsenherde kommt
aus dem Nichts!! HE? HA! Und dann
geht er sogar ins Paradies oder in die
Hölle!!!

Ich verteidige eure Rechte, ich bin in der Opposition, ich schreie und ich fluche, aber die Gesetze erlassen andere!!! YEAH! Bin ich gut oder was!!!

Man kann nicht verglühen, wenn
man in sich kein Feuer trägt!!!

Jemanden, der sich selbst findet, ist die Welt nicht mehr ebenbürtig!!!

Du bist nicht als Christ geboren, sondern wirst es. Übrigens so wie jeder andere Scheiß auch, z. B. Nationalität. Aber du bist als Mensch geboren mit alledem, was du mit dir herumträgst. Was die Mutter Natur dir mitgegeben hat.

Die Ewigkeit dauert so lange, wie der Wasserstoff im Universum reicht!!!

Und das Sonnensystem wird längst nicht mehr existieren bevor dies geschieht. So viel zur Ewigkeit. Also was soll der Unsinn?

Wir Menschen sind magische Wesen, die eine Reise des Bewusstseins unternehmen. Aber wir machen alle den Fehler, alles interpretieren zu wollen. Götter, Propheten, Gurus und Meister – jeder erzählt seinen Mist. Wozu Worte, wenn das Gefühl entsteht!!! Man sollte auf das achten was man in sich, mit sich trägt!!!

Denn wir sind uns des Todes bewusst, und das unterscheidet uns von den anderen Tieren, und wir haben nur einen Richter, unser Gewissen, das ist alles, was wir haben.

Es geht darum, dass wir alle endlich Vernunft annehmen und miteinander koexistieren. In Frieden!!

Jesus: Ich glaube, dass es damals auch Meskalin gab und er so seine bewusstseinserweiternden Erfahrungen hatte. Irgendwie ist er zu einer parallelen Welt gelangt, in der es friedlich zugeht. Er hatte durch die alten Schriften davon gehört und hat genau das getan, was prophezeit worden war. Ein kluger Mann!! Aber was für ein Trip, und er hat es durchgezogen bis zum Ende, was für ein Wahnsinn!!! Was für ein Homo sapiens!!!

Was haben Jesus und Mohammed studiert, gelesen? Das Alte Testament, (beide haben es nicht gewusst übrigens), das ERST 800 v.C. geschrieben worden ist (vorher z. B. die Sumerer, Gilgamesch-Epos) In das Alte Testament wurden Phänomene, die aus der Natur herrühren, als Wunder(bzw. Strafe) integriert, wie die Flut, die erwähnt wird in allen Kulturen. Nämlich als die Eiszeit zu Ende gegangen war,

um 10500 v. C. ist der Meeresspiegel um 140 Meter gestiegen. Diese Gebiete waren damals besiedelt.(Übrigens vor 15.000 Jahren lebten nur 10 Millionen Menschen auf der ganzen Erde). So ist der Mythos von Noah entstanden. Diese NATUR-PHÄNOMENE soll angeblich Gott gemacht haben. Ein anderes ist der Komet Halley. Wie gesagt, ein bisschen Übertreibung hier, ein bisschen Übertreibung dort, und schon haben wir den Beweis für Gott. Aber damals hatten die Menschen ein anderes Verständnis, ein anderes Bild von der Erde, sie war unerforscht. Denn wie viele Menschen sind gestorben, erblindet, weil sie verschiedene Nahrungsmittel ausprobiert haben, bis sie sich darauf geeinigt haben, welche sie essen können und natürlich bis sie die therapeutischen Eigenschaften der Kräuter entdeckt haben? Heute wissen wir mehr.

Denn wie wir heute wissen, wurden die Dinosaurier durch einen Asteroideneinschlag ausgelöscht. Auch Sodom und Gomorra (ca. 3600 v. Chr.) sind nachweislich durch Kometeneinschlag vernichtet worden. Und wegen dieses Ereignisses, deshalb diese Geschichte der Apokalypse, Absinthos. Wie bei der Sintflut? Wie in Sibirien 1908? Und schließlich: Klimawandel auch ein Werk Gottes?

Gott ist ein Mensch geworden, damit der Mensch ein Gott wird!!

Oder, wir sind Ebenbild Gottes, also was genau bitteschön?(Lachen).

Es gibt drei Möglichkeiten. Wir kommen aus dem Nichts und wir gehen ins Nichts, wir kommen aus dem Nichts und wir gehen ins Paradies oder in die Hölle, wir kommen aus dem Nichts und gehen in ein Paralleluniversum. Oder, um es einfacher zu sagen, wir gehen dahin, wo wir herkommen. Also was soll der Unsinn!!

Du bist, was du glaubst zu sein!

Meine Macht ist groß, aber gleichzeitig auch unbedeutend, verstehst du? Du gibst allem einen Wert, Homo sapiens! Egal was!

Kennst Du den reisenden Erlöser?
Den, der von Galaxie zur Galaxie
hüpft und sagt: Darf ich mich
vorstellen? Sohn Gottes! Und Sie?

Ein Millionstel einer Sekunde direkt nach dem Big Bang waren die Schwingungen der Gravitation schon da und alle anderen Kräfte, die im ganzen Universum wirken. Sie durchdringen alles, denn alles ist Energie, in verschiedenen Formen. Das ist der Rahmen (von diesem Universum), in den der Homo sapiens hineingeboren wurde. Sie wirken also auch auf ihn und sind für ihn wahrnehmbar.

Es gibt keine Erlösung, sondern nur
Erkenntnis. Es ist an der Zeit, dass
der Aberglaube ein Ende hat.

Denn im Mittelalter herrschte das Weltbild, dass die Erde eine Scheibe und der Himmel ein Gewölbe sei, und sie hatten Angst, dass der Himmel auf sie herabstürzen könnte. Die Inquisitoren (Päpste, Patriarchen usw.) fragten sich, warum uns nicht schwindlig wird, wenn sich die Erde dreht, und sie fragten sich nicht, warum sich das Meer nicht einfach in den Weltraum ergießt. Denn für sie war die Erde einfach FLACH! Unglaublich, aber wahr!

Der Mensch stammt nicht vom Affen ab, er ist einer!!!

Der wieder mit der Natur leben lernen soll und nicht gegen sie.

Jesus hat doch gesagt, für das wirkliche Leben seid ihr wie die Vögel. Seid ihr nicht besser als die? Warum sorgt ihr euch dann? Glaubt und es wird euch gegeben! Aber wer glaubt heutzutage daran? Nicht einmal der Papst und die Patriarchen, ganz zu schweigen von den 3 Milliarden einfachen Gläubigen.

Es geht doch um den Glauben.

Oder es gilt nicht und seine Lehre ist einfach ein Scheiß. Also was soll der Unsinn!

(Es gilt auch für die Moslems.)

Buddha und Jesus waren sensibel genug, um die Schwingungen der Gravitation wahrzunehmen. Jeder hat sie nach seinen Möglichkeiten entwickelt, so entstanden der Mythos, danach die Überzeugung und der Glauben, wobei Buddha höher einzustufen ist, da er die höchste Kraft entwickelt hat, die des Geistes und nicht die der gewöhnlichen Siddhi, nämlich die des Willens, sprich Wunder.

Aber keiner von ihnen wusste, dass die Erde ein Planet ist, und der große Sokrates wusste nicht, was ein Blitz ist und was eine tektonische Platte ist (und Jesus, Buddha und Mohammed auch nicht), wie sollte er auch, das ist das Wissen der letzten 200 Jahre. Ein kleiner Hinweis, Zeus hat es nicht getan (lachen).Die Zivilisation, wie wir sie heute kennen, wurde in den letzten 100 Jahren geschaffen, ist dir das bewusst Homo sapiens?

Wer,wann, wo, was, wusste was!

Oder haben beide denselben Gott dieses Sonnensystems »gesehen« (Mara, Teufel), der eine als Opfer und der andere als lachender Sieger? Dies würde einiges erklären, oder? Und eine weitere Frage: Wo waren wir alle vor 5 Milliarden Jahren? Das Sonnensystem existierte gar nicht! Das Universum aber wohl!

ES WERDE LICHT!
Hat Gott gesagt und es wurde Licht. Nur, dass ER es zweimal sagen musste. Einmal für das Universum (13,8) und einmal für das Sonnensystem. Denn bekanntlich ist das Sonnensystem später als das Universum entstanden. Es hat nicht geklappt mit dem ersten Mal. Lachen. Oder vielleicht noch viermal? Erde, Aussterben der Arten, menschenartige Spezies und schließlich Homo sapiens?Lachen.

Buddhismus ist eine Philosophie, die aber Anwendung findet im wirklichen Leben, verschiedene Entwicklungsstufen, bis hin zum Buddha.

Es ist nämlich nicht so, dass die Welt EINEN Erlöser, Buddha, Propheten braucht, sondern gar KEINEN. Denn es ist das Getue von Lucy um Lucy.

Denn der erste Beginn des Bewusstseins geschieht im Alter von 5 Jahren und 99% der Menschen bleiben bis zum Ende dabei, einige haben eine zweite Verwirklichung und werden Lehrer und Propheten, die Buddhas haben eine dritte und werden Buddha und Gottmensch genannt, so einfach ist das.

Seid nicht wie Schafe, die ihrem Führer(Leittier) folgen, sondern werdet wahrhaft freie Menschen. Adolf und Bonaparte lassen grüßen.

Empedokles und Darwin kann man nicht kombinieren mit jungfräulichen Geburten. (Lachen)

Jeder glaubt nur an das, worauf er gerade bei seinen mannigfachen Irrfahrten gestoßen ist, und doch rühmt sich jeder, das Ganze gefunden zu haben. *Empedokles*

Also: Jesus, Buddha, Mohamed und andere Gottesvertreter waren auch auf IRRFAHRT. (Lachen)

Evolution des Menschen,
evolutionäre Gottheiten,
so einfach.

Wir erschließen neue Dimensionen
und wir ernennen denjenigen, der es
möglich gemacht hat, zum Buddha
oder Gott. So einfach ist das.

Alles in der Natur strebt nach
Vollkommenheit, man stirbt damit
also warum nicht damit leben?
Denn Σωτηρία=Rettung,
Erlösung bedeutet auf Alt-
Griechisch: rund,vollendet zu sein.

Ich erzähle dir von dem Licht, das
du sowieso in dir trägst.

Ich sehe Propheten mit ihren Visionen, alle Abkömmlinge von irgendjemandem, der kein Meister war. Meister mit ihren Wundern, mit ihren gewöhnlichen Siddhi, die keine Buddhas waren, bestimmen heute den Glauben von 5 Milliarden Menschen. Absurd nicht wahr? Und Buddhas, die nichts anderes gemacht haben, als die Bedingungen, in die der Mensch hineingeboren ist, wahrzunehmen und die Schwingung der Gravitation, die bewiesen worden ist, die sogenannte Musik des Lebens!!

Die Realität ist ein Produkt unseres Gehirns. Kann sein, dass wir nur eine Simulation der Realität wahrnehmen, eine Pseudorealität dank der Augen, die sind nämlich zwei Globen, die so damit beschäftigt sind, die sichtbare Welt wahrzunehmen, dass man danach kaum in der Lage ist, seine eigene innere Welt wahrzunehmen, und dadurch gestalten wir unsere Realität. Also der Glaube bestimmt das, was wir als Realität wahrzunehmen in der Lage sind, denn das Wesentliche ist unsichtbar. Nach dem Motto, was ich nicht weiß, macht mich nicht heiß: Das Universum und Einsteins Erklärung und die Schwingungen, die Buddha in der Lage war wahrzunehmen und deren Bedeutung zu erkennen. Das was man für Realität hält, so einfach. Jeder ist in der Lage, seine eigene wahre Wirklichkeit zu erschaffen und wahrzunehmen, indem er sich

hineindenkt in diesen Zustand, oder einfacher den Rahmen wahrzunehmen, in den der Homo sapiens hineingeboren worden ist, mit allem, der Gravitation, ihren Schwingungen und Kräften. Das nennt man dann Erleuchtung. Das berühmte bekannte γνωθι σαυτον (:kenn dich selbst), von Sokrates. (Selbsterkenntnis).

Ist ein Axiom wirklich richtig?

Und wenn nicht, dann leben wir in einer falschen Wirklichkeit, die wir selbst kreiert haben als Endprodukt unserer Vorstellung, unseres Glaubens, denn alles ist Erfindung (Epinoisi). Ist diese Welt satanisch und hässlich als ein Endprodukt unseres (christlichen) Glaubens? Interessant nicht wahr? Homo sapiens.

Es ist wie ein Sprung von der
Zweidimensionalität in die
Dreidimensionalität. Es ist wie ein
Brettspiel, alle anderen bewegen sich
darauf und ich sehe die
dreidimensionale Halbkugel oder die
ganze, die sich vor mir gebildet hat,
und alle anderen sehen den Kreis,
der sich gebildet hat, aber sehen
auch, dass ich die Kugel sehe,
periodisch wie in einer Sinuskurve,
zwischen diesen beiden
Dimensionen.

Wir kommen alle auf diese Welt, um diese Erfahrung zu machen, und nicht, um irgendjemanden anzubeten oder einem Gott zu huldigen. So einfach ist das.

Buddha und Christus sagen eigentlich dasselbe. Ein neues Bewusstsein für die wahre Wirklichkeit, nur mit anderen Worten und Begriffen.

Es ist was anderes eine große Persönlichkeit zu sein (Gandhi, Mandela) und was anderes wahrhaftig lebendig zu sein (Buddha, Jesus).

Der große Sprung für uns homines sapiens ist vor 2500 Jahren passiert. Da ist zum Mittelpunkt der Beobachtung der Mensch geworden und nicht mehr die Natur. Sokrates, Buddha und Jesus (Das Reich Gottes ist in euch) und das alles dank der Evolution.

Nicht der Mensch Jesus, sondern Christus, das Bewusstsein, hat über die Erfahrung erzählt.

Denn ein Australopithekus-Gott ist nicht akzeptabel , sowie ein schizophrener Prophet auch.

Wie wäre es damit: Unsere Energie (Seele) war schon existent in anderen Universen, und als die Möglichkeit des Homo sapiens gegeben war, ist sie hierhergekommen, um diese Erfahrung der Wahrnehmung zu machen. Das würde doch das Königreich und das Ich-bin-nicht-von-dieser-Welt erklären, oder das Nirwana. Nicht schlecht, oder? Bis dahin habe ich gesehen.

Aus einem anderen Universum, in dem alle Kreaturen sprechen und miteinander kommunizieren können und Vegetarier sind. Kein Erlöser, kein Versprechen, nur Harmonie. Eine schöne Idee, nicht wahr?

Nimm dir einen Bleistift, halte ihn mit der Spitze senkrecht auf einen Tisch und lass ihn los. Er fällt jedes Mal in eine andere Richtung, das nennt man Symmetrie. (Unter Symmetrie versteht man in der Physik die Eigenschaften eines Systems, nach einer bestimmten Änderung unverändert zu bleiben.) So ist auch unser Universum in einer Richtung entstanden, ganz zufällig mit diesen Teilchen, dieser Masse, diesen Kräften. Und dann soll mir einer erzählen, dass ich nicht Recht habe mit dem Rahmen.

Setzt mich in den Moment des Big Bangs und ich erschaffe euch ein neues anderes Universum. (Lachen)

Ist es nicht ein Denkfehler zu sagen, wir sehen die Vergangenheit des Universums bis zum Big Bang?

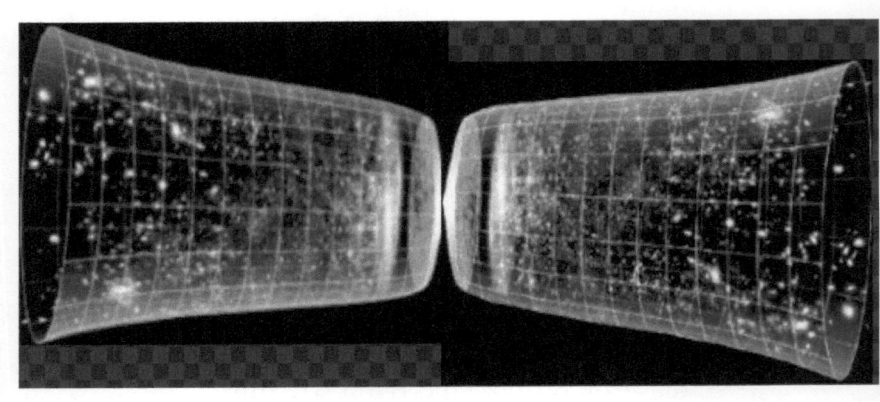

Am Anfang war das Universum sehr klein und dicht, dann gab es den Urknall, und dann BEGANN es sich auszudehnen. Wann ist also unsere Galaxie entstanden, wenn nicht ganz am Anfang? Wo war unsere Galaxie am Anfang des Universums? Wir sind der Anfang! Oder noch einfacher: Was ist die älteste Struktur im Universum? Unsere Galaxie, 13,8 Milliarden Jahre alt, um genau zu sein. Also besser erklärt, die älteste Struktur im Universum ist unsere Galaxie, und zwar 27,6 Milliarden Jahre alt, und die JÜNGSTE Galaxie ist 13,4 Milliarden Jahre alt, denn so lange hat das Licht gebraucht, um uns zu erreichen. Offensichtlich leben wir in einem Schwarzen Loch! Beim Big Bang wird es noch geboren! Als ältester Stern, Galaxie aus einem anderen Universum durch das Schwarze Loch (weiß), als jüngster Stern mit diesem Alter als Neuankömmling in unserem bekannten Universum. Deshalb fragen sich die Physiker: Wie ist es möglich, dass ein so riesiger Stern (millionenfach größer als unsere Sonne und Galaxien) so früh entstanden ist? Oder noch einfacher: Ist das ganze Universum in einem Schwarzen Loch eingeschlossen? Gibt es überhaupt Zeit, ein Irrtum der Menschheit? Ich frage dich, Homo sapiens!

Wenn die Physiker mit dem Webb-Teleskop den Anfang oder die Grenzen des Universums sehen oder Sterne und Galaxien, die dort nicht hingehören oder die älter sind als das bekannte Universum, dann habe ich Recht, dass wir in einem Schwarzen Loch leben.

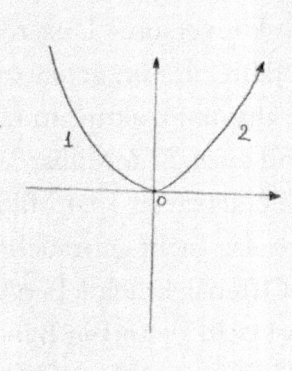

Das Universum schrumpft zusammen (1) und dehnt sich aus (2). Bei 0 ist das Schwarze(weisse) Loch, der Big Bang. Der Blick hinter den Spiegel. (Stell dir dabei eine Sanduhr vor. Denn nach dem kosmologischen Beobachtungshorizont krümmt sich die Raumzeit und alles kommt auf einen Punkt zusammen, (Riemann)). Und dieses kann sich unendliche Male wiederholen. Also gibt es unendlich vielen Paralleluniversen, jedes Mal die Regeln wechselnd, ständige Erneuerung. Das eine in das andere und von einem ins andere Universum. Alle denken sich die schwarzen Löcher (die sind übrigens die Schwerkraft selbst) innerhalb des Systems, aber nie außerhalb. (Das Ganze ist kompatibel zu Einsteins Wurmlöchern). Und, dass die Materie in den schwarzen Löchern umgewandelt wird und sie nicht verloren geht. Der Mensch ist Mikrokosmos und Makrokosmos, also kann er auch explodieren und sich unendlich ausdehnen, wenn er will. Denn eine Orange ist die Sonne und die Erde ist ein Reiskorn in 10 Metern Entfernung, und wir sind alle darauf (München bis Berlin ein Lichtjahr). Das ist die Relation. Jetzt, Homo sapiens, kannst du dir leichter vorstellen, dich über die ganze Erde auszudehnen. Wir sprechen von der Möglichkeit MENSCH!

ODER: Ein Punkt. Das Vorher und das Nachher dieses Universums und dazwischen wir, die Homines sapiens.

Das Licht ist seit 13,8 Milliarden Lichtjahren zu uns unterwegs. In der Zwischenzeit ist einiges passiert, vielleicht nicht mehr existent, dunkle Leere, kann durchaus so sein. Also wir sind SCHON mittendrin in einem bereits sterbenden Universum. Um es einfacher zu sagen, was wir sehen ist eine Projektion des Universums.

Mein größter Traum ist, dieses Monster, das man religiöse Tradition nennt, zusammenfallen sehen zu dürfen, und der aufgeklärte MENSCH tritt hervor, der sich ständig erneuert!!!

Denn als der Halley-Komet erschienen ist, in der paläolithischen Zeit, wurde er als strahlender Krieger gesehen, eine Legende, aus der der Donnergott entstanden ist. Später ist daraus Gottvater der Allmächtige geworden, der danach sogar seinen Sohn geschickt hat - eine Legende aus der Legende.

Der Homo sapiens halt und seine Neigung Natur-Phänomene zu Gott zu erklären, zu erheben. Bis dahin wurde die Mutter-Erde verehrt. (Fruchtbarkeitsgöttin).Denn die Götterwelt und die Gesellschaftsform haben sich vom Matriarchat ins Patriarchat gewandelt, Überbleibsel die Göttin Athene und die Jungfrau Maria.

Wie war wohl der Moment, als das erste menschliche Wesen die erste Beobachtung gemacht hat und sich den ersten Gedanken dazu gemacht hat? Der Kosmos der Ideen von Plato ist damit geboren worden (so was wie der Rahmen, nehme ich an).

Du Homo sapiens kannst übrigens deine Energie berechnen, es ist nämlich die Geschwindigkeit der Rotation der Erde im Quadrat mal deine Masse (Gewicht) und wenn man explodiert, das ist deine frei gesetzte Energie (Einstein). Was für das Atom gültig ist, ist es auch für den Menschen, für Nagetiere (lachen). Dabei entsteht eine Konvergenz im Raum-Zeit-Kontinuum und wenn man Glück hat, kann man in die Zukunft sehen. So einfach ist das.

Ich bin die Wiedergeburt des ersten menschlichen Wesens, das die erste Beobachtung und sich den ersten Gedanken dazu gemacht hat und die letzte Beobachtung und sich den letzten wahren Gedanken dazu gemacht hat, alle anderen Zeitgenossen folgen nur.

Ich bin der König der Nagetiere.
(Lachen)

Also, ich bin die logische evolutionäre Entwicklung des Menschen, weil jetzt die Menschheit über das Universum Bescheid weiß. (Kollektiv).

Einstein wusste, wie ER denkt,
und ich, wie ER fühlt.

Einstein hat es begriffen, erklärt und ich habe es erlebt, den gekrümmten Raum. Denn ich habe die kritische Dichte erreicht und ich bin explodiert und habe eine Schock- oder Gravitationswelle ausgelöst.

Unio mystica:

Ich trat ein und wusste nicht wo, und ich blieb auch ohne Wissen, alles Wissen übersteigend. (...) Jeder, der dorthin gelangt, wird ganz irre an sich selbst. Alles, was er vorher wusste, scheint ihm jetzt verschwindend klein. Und sein Wissen wächst so sehr, dass er ohne Wissen bleibt, alles Wissen übersteigend.

Denn was tat ich all die Zeit?
Einfühlsam sein.

Die Frage ist also, was gibt es außerhalb des Rahmens (UNIVERSUMS), etwa das ferne Wesen (von Sokrates) oder einfach NICHTS? Denn es sind viele Dummheiten über jungfräuliche Geburten geschrieben worden, finde ich!

Unser Universum muss 10 mal größer sein als wir wissen, sehen können, und es muss Milliarden parallele Universen geben, alle zufällig entstanden so wie unseres und alle werden irgendwann nicht mehr existieren. Einfach Wahnsinn, nicht wahr Homo sapiens?

Wie viele Galaxien liegen schon vor uns, wir sehen die Vergangenheit, aber nicht die Zukunft, ich meine, da sie sich VOR unsere Galaxie gebildet sein müssen (bei flachem Universum), also wie viele Galaxien

sind an uns schon vorbeigeflogen? Interessanter Gedanke nicht wahr Homo sapiens? Vielleicht schon ein ganzes Universum!

Wie viele Milliarden Galaxien, wie viele Milliarden Sterne, wie viele Milliarden Planeten, diese Nummer sprengt jede Vorstellungskraft. Meinst du immer noch etwa, dass wir alleine sind, Homo sapiens?

Noch ein bisschen Geschichte. Bis ins 19. Jahrhundert gab es in Europa Imperien (Imperator, Kaiser usw.), dann unabhängige Staaten mit jungen Demokratien, dann Diktaturen, die den Begriff Heimat eingeführt haben - und seitdem Demokratien, die den Begriff Heimat leider immer noch verwenden. Der Australopithecus probiert. Auch in den Religionen. Er probiert gerne aus! (lachen). Aber politische Veränderungen brauchen ein paar Jahre, religiöse Veränderungen Jahrhunderte. Siehe Adolf, siehe Christus.

Es gibt sowieso die Wahrnehmenden oder die, die nicht wahrnehmen. Durch das Hineindenken werden wir alle vielleicht Wahrnehmende.

Was der wahrnehmende Mensch in einer Stunde erlebt, erleben andere nicht in einem ganzen Leben .

Es ist der Weg des Homo sapiens von der Unwissenheit zur Kenntnis und gleichzeitig ist es der "panda rei" (Heraklit), der Weg der Erziehung, Bildung, Kultivierung, Weisheit.

Denn Homers Erzählung ist die Reise des Menschen zu sich selbst, und Ithaka ist die Ankunft beim wahren Menschen, ohne Götter und Scheuklappen.

Außerdem, wenn ER (GOTT) seinen einzigen Sohn geschickt hat, WARUM ist er (Sohn) nicht gehört worden auf der GANZEN Welt gleichzeitig und verstanden worden? Es heißt doch so schön: AM ANFANG WAR DAS WORT. Hat ER ihn so geschickt, ohne die Fähigkeit, sich überall verständlich zu machen, aber mit der Fähigkeit, Wunder zu vollbringen? Es ist einfach absurd, und das gilt auch für alle anderen Gottesgesandten. Und wieso 200.000 Jahre gewartet, und in einer vergessenen Sprache (Aramäisch)? Ich sag es dir, lieber Leser, weil die Menschheit erst seit ein paar Tausend Jahren miteinander kommuniziert und dadurch dieses Bewusstsein entstanden ist und weil jetzt die Idee der Evolution existiert. Jetzt wartet die Menschheit auf denjenigen, der in diese DIMENSION durchbricht, wir reden ja auf dieser unserer ERDE.

Vielleicht passiert es im nächsten Jahrtausend. Ich sage dir, die Evolution wird ihr Werk vollbringen, bis unsere Sonne nicht mehr existiert. Denn Lucys (erstes bekanntes menschenartiges Wesen, das übrigens ja auch unser Gott erschaffen haben soll) Ziel ist, sich zu vervollkommnen, geistig, körperlich und energetisch. Jedes Mal eine neue Dimension. Bis sich alles wieder ins Nichts auslöscht.

Denn wir wissen heutzutage, dass in den letzten 700 Millionen Jahren fünfmal ein Aussterben der Arten passierte, aber irgendeine Spezies hat immer überlebt und so ging das Theater weiter. Und JETZT sind wir da, Homo sapiens.

Das Leben auf der Erde ist vergleichbar mit einem Buch von 10.000 Seiten, der Homo sapiens ist ein paar Zeilen unten rechts auf der Seite 10.000, wir sprechen hier von

sehr kurzer Zeit! Fast unbedeutend und wir nehmen uns so wichtig und wir sind dabei alles zu zerstören, einfach Wahnsinn!

Wir verdanken den Seefahrern die Kartographie der Erde (Karten von vor 3000, vor 1000 Jahren und von 2022, heute!) und den Kaufleuten das Ende des Aberglaubens, denn sie entwickelten sich weiter, öffneten neue Horizonte, auch geistig, und verbreiteten die neuen Ideen. Und heute kartographieren wir das Universum! Und dies in den letzten 500 Jahren.

Der Zyklopen-Mythos erzählt davon, dass die Griechen die groben Mauerkonstruktionen z. B. in Mykene den Zyklopen zugeschrieben haben. Sie konnten sich nicht vorstellen, dass ihre eigenen Vorfahren diese riesigen Steine bewegen und so exakt versetzen konnten. (Ist also eine Verarbeitung). Diese Präzision findet einen Höhepunkt im Parthenon-Tempel.
Hier zeigt sich die grandiose Entwicklung der Zivilisation.

Außerdem: Die Theorie von der Wiedergeburt ist zwar schön, aber wann hat sie angefangen? Mit der Lucy (ihren Völkern, ihren Göttern), mit den Dinosauriern, vor der Geburt des Sonnensystems oder sogar vor dem Big Bang? Irgendetwas stimmt da nicht, findest du nicht, Homo sapiens?

Die Geschichte von Adam und Eva zeigt den Weg vom Sammler zum Ackerbautreibenden/Bauern (Abel und Kain, der ewige Kampf)10.000 bis15.000 Jahre vor Christus auf. Als Adam und Eva von dem Baum der Erkenntnis/Gnosis den Apfel gepflückt und gegessen haben, nämlich als die landwirtschaftliche Revolution, (wir wissen es erst seit 1936 n.Chr, die zweite ist die industrielle) passiert ist, haben sie erkannt, was für eine unbeschwerte Zeit sie auf der Erde, Paradies, als Sammler verbracht hatten (Nostalgie, Gemeineigentum) und welche Mühen im Vergleich dazu eine

Landwirtschaft kostet. Da haben sie sich beschwert und daraus ist der Mythos vom Verlorenen Paradies entstanden.(Das heißt, ein unerfüllter Wunsch, ein Wunschdenken).Denn Ressourcenkriege begannen nach der Sesshaftwerdung. So einfach ist das.

Wo hat alles stattgefunden? In der gemäßigten Zone, wo das Klima keine extremen Temperaturen erreicht.

Segne uns das tägtliche Brot, den Reis und den Mais(lachen)

Es ist unvermeidlich, dass der Mensch seine Umwelt zerstört, denn er wird alle Brennstoffe bis zum Ende verbrennen, Schizophrenie in ihrer ganzen Pracht, denn die Zeit lässt sich einfach nicht zurückdrehen, und wir können nicht ins Mittelalter zurückkehren, der Australopithecus hat sich entwickelt, so einfach ist das.

Entweder wird es das Jahrhundert des Friedens oder unserer Zerstörung sein.

Wer hat die Dinosaurier überlebt? Die Nagetiere, die ersten Säugetiere, gemeinsame Vorfahren übrigens, dann diese Explosion von Leben, diese Vielfalt aller Tierarten und menschenartigen Spezies, Lucy zuerst, dann Neandertaler, Denisova-Mensch, Hobbit, Archaische, die immer noch unter uns leben, und natürlich Homo sapiens. Seitdem sucht die Evolution die Perfektion bei jeder Art, bei Lucy die Dreiartigkeit (geistig, körperlich, energetisch), sogenannte Dreifaltigkeit Gottes, Empedokles lässt grüßen. Monster haben uns geboren und das wird so weiter gehen, bis alle Dimensionen erlebbar werden, von denen die Physiker reden(Stringtheorien, welche Strings in uns sind und pulsieren in verschiedenen Frequenzen), wenn wir noch so viel Zeit als Spezies haben, bevor eines Tages alles sich ins NICHTS auflöst, sogar das Universum (der Rahmen), denn selbst das hat Anfang und Ende.

Also von Zeit zu Zeit werden ein paar wahre Menschen geboren, die diesen Durchbruch zu einer neuen Dimension erreichen, bis ans Ende der Zeiten.

Ein bisschen Geschichte: Pythagoras 600 v. C. sagte, die Erde ist rund, Aristarchos 300 v. C. dass die Erde um die Sonne sich dreht, keiner hat denen geglaubt, Ptolemäus dann 200 n. C. dass die Erde der Mittelpunkt des Kosmos sei,(daher der Name Erde, Boden,fester Punkt, damals hat die Menschheit nicht gewusst dass die Erde ein Planet ist, wie die anderen) und alle haben daran geglaubt, es passte zum Testament, für 1400 Jahren, es war ja vorher die Geburt der Kirche geschehen, die ERST 1992 n. C. anerkannt hat, dass die Erde sich überhaupt bewegt!! Unglaublich aber wahr. Die Dummheit hatte gesiegt und es herrscht immer noch Dunkelheit, Homo sapiens.

Homo sapiens, ich kann die Männer verstehen, dass sie einen Mann als Gott haben, aber die Frauen? Der Herr Jesus, der Herr Buddha und als Prophet der Herr Mohammed und der Herr Gottvater. Und wo bleibt die Göttin Frau Mutter und warum akzeptieren die Frauen das alles, frage ich dich, Homo sapiens.

Erst im Jahr 1924 hat Edwin Hubble gemeint, dass der Punkt da eine Galaxie sei. Bis dahin hat die Menschheit geglaubt, dass unsere Galaxie das ganze Universum sei. Unglaublich aber wahr. Die ganze Menschheit. Außer Einstein. Nicht einmal 100 Jahre ist das her, Homo sapiens.

Die Natur(Big Bang) ist nicht paradox sondern paradox ist unsere Vorstellung/Gnosis/Bild(Wissen) von dem Kosmos.

Ist die Erde Gottes Werk? Wenn ja, warum schützt der Mensch sie nicht? Was ist das für eine Schizophrenie?

Wir entwickeln Ideen und Ideen verändern uns.

Aber was ist unter Auferstehung zu verstehen? Auferstehung bedeutet Einheitserfahrung mit diesem raum- und zeitlosen, unendlichen Urgrund, den wir Abendländer ``Gott`` nennen. Ziel ist also nicht Unsterblichkeit(die übrigens nur in den Köpfen der Anderen existiert), sondern Erfahrung der Zeitlosigkeit unseres wahren Wesens, das sich in ganz verschiedenen Formen manifestieren kann. Und das im Hier und Jetzt, nicht nach dem Tod. Der übrigens nicht existiert, er ist einfach eine Energieumwandlung. Denn das ist die wahre Botschaft von Christus. Also ein wahrer Mensch. Also bete nicht an, sondern werde. Also ist der Sinn des Daseins im Hier und Jetzt zu finden.

Aber leider dient heutzutage alles dem Vergnügen, auch Brot und Spiele, genau wie damals.

Im Grunde genommen ist das Ganze ganz einfach, LUCY, ihre Nachkommen, ihre Völker und ihre Götter.

Evolution und alles ist möglich. Oder glaubst du, dass das erste Bakterium ein Ichbewusstsein hatte, und hatte es sich geopfert, um Sauerstoff zu werden? (Lachen)

Im Paradies herrscht Gedränge. Oder wie sieht es dort aus? Auf der linken Seite die Muslime, auf der rechten die Katholiken, in der Mitte die Orthodoxen und daneben die Juden und der Rest? (lachen). Und woran werden die Hindus glauben, wenn der heilige Ganges austrocknet? (Was er wird!) Gletscherschmelze.

Klonen wir doch einen Australopithecus, damit wir in voller Pracht das Werk Gottes sehen können. (Lachen)

Vor 3,5 Millionen Jahren ein Australopithekus, in 3,5 Millionen Jahren ein evolutionär entwickelter Schimpanse, wird sagen: Ich bin das Licht!(Lachen).

Für ein Bakterium so viel Theater. Die Welt spinnt! (Lachen)

Im Universum muss es Milliarden Lebensformen geben. Da das ganze Universum einen einzigen Ausgangspunkt hat, müssen überall dieselben Bedingungen für die Entstehung von Leben vorhanden gewesen sein: Bakterien hier, Bakterien überall.

So einfach ist das, und alle fragen sich, ob sie ALLEIN im Universum sind. (Lachen)

Bekanntlich die Seele reist, was hält Dich also davon ab Homo sapiens, in ein anderes Universum zu reisen? Das ist ein neuer Horizont, IDEE.

Oder was ist mit euch allen los, Juden, Christen, und Moslems? Alle wollt ihr euren Geist Gott übergeben! Es gibt doch eine Alternative.

Wir sind alle hier, weil sich Lucy vermehren wollte, lustig. Noch lustiger wird es, weil wir jetzt auch Erlöser, Buddha und Propheten haben, lustig nicht wahr? Noch lustiger wird es, wenn wir jetzt als einzige überlebende Spezies einen einzigen Erlöser ernennen. (Lachen) Fazit: Ich stehe zur Verfügung.

Man hat die Keilschrift erfunden, das Alphabet, das Rad, die Mathematik, die Klimaanlage, man hat das Paradies erfunden und ich habe die Reise in ein anderes Universum erfunden. Ich sage dir, Homo sapiens, alles ist Erfindung, außer dem, was man in der Lage ist wahrzunehmen oder zu fühlen.

Was ist geschrieben worden, wann, von wem, für wen? Z.B: Über die Mutter aller monotheistischen Religionen, das Judentum. Ich meine das Alte Testament ist, wie du schon

verstanden hast, total falsch (falsche Basis). Wohlbemerkt der Jesus, wollte nicht einmal ein i ändern bei dem Alten Testament.Und Paradies ist nicht einmal ein hebräisches Wort, Persisch. Verstehst du was ich meine Homo sapiens?

Heutzutage hat die Wissenschaft die biblische 10 Plagen von Ägypten erklärt und bewiesen, dass sie die Folgen des Vulkanausbruchs von Santorin um 1600 v.C. waren.

Hat das Universum ein evolutionäres Bewusstsein und hat uns kreiert, hervorgebracht? Denkt es über sich selbst nach? Denn Bakterien überall! Denn heutzutage ist DNA in einem Meteoriten nachgewiesen worden.

Christentismus, Islamismus wie Buddhismus, Kapitalismus usw. Australopithecus halt und alle seine: -ismus.(Lachen)

Lasst uns einen WELTFEIERTAG ins Leben rufen, an dem das ENDE der KRIEGE gefeiert wird, so etwas wie der Erste Mai oder besser wie SILVESTER, und mit dem das Bewusstsein der Menschheit sich verändert, was die Einstellung zum Krieg betrifft. Dafür eignet sich der Tag des Endes des Zweiten Weltkrieges. NUR so wird sich das Bewusstsein ändern lassen! Stellt euch dabei vor, die Machthaber erklären sich wieder den Krieg und keiner geht hin, so einfach, keiner folgt denen. DAS wäre das Wunder. Und nicht die Fische und der Wein.

Mein Kampf

~~[drawing]~~

World Holiday
8th May

Signature

Die Zeichnung ist so gemacht worden, damit deutlich wird, wie zerbrechlich er doch ist, der Frieden.

Beschreibung von oben nach unten: Mein Kampf, das Kreuz, das den Panzer verbietet, WORLD HOLIDAY und 8th May. In den Farben Rot und Blau, die des Blutes und die der Erkenntnis.

Das ist die IDEE.

PS: Warum Deutschland?

Ich habe Deutschland gewählt, um **diese** Idee bekannt **zu** machen, denn das hätte einen **starken** Symbolcharakter für die ganze WELT, **wenn** Deutschland in dieser Richtung sich doch bewegen **würde** und **diesen** Feiertag als erstes Land **einführen würde,** dann würden **alle** anderen Staaten dem nachfolgen, da bin ich mir sicher.

Und vielleicht erleben die kommenden Generationen dieses Wunder.

Oder die Menschen fangen einfach an, überall von sich aus, statt auf Erklärungen der Staaten zu warten, ZU FEIERN, dann werden auch die Staaten dem Willen der Menschen nachkommen, anschauliches Beispiel hierfür ist die DDR. Und dann endlich bekommen diese zwei Wörter, nämlich »Mein Kampf«, eine total andere Bedeutung. So gestalten wir um, das Wahrzeichen der Nazis in das Wahrzeichen des FRIEDENS.

Sonst nimm weiter an, Homo Sapiens, dass ...

Denn das Eine ist ein Mythos, das Andere nicht. Wir reden über die gleiche Zeitperiode, 1800 v.c. bis 800 v.c. Ich meine in Mykene(Zyklopen) ist ein Mythos, und in Judäa (Abraham und Sarah) ist das Alte Testament. Da stimmt was nicht, meinst Du nicht Homo sapiens?

Und die Bibel hat die Schande des Körpers in die Welt gebracht, z.B. in Tahiti (erst um 1778 n.Chr.) war die Gesellschaft matriarchalisch und die Missionare haben sie zerstört.

Der Akt der Liebe wurde von den Hindus durch das Kamasutra vergöttlicht, und die Juden brachten die Scham über den Körper (sie haben deswegen gesteinigt), und das glauben sowohl die Christen als auch die Muslime. Es ist einfach nur Wahnsinn. Sie haben einfach alles in den Dreck gezogen. Auch in der Liebe, Gewalt.

Vision 1

Freizeit. Zwei Stunden pro Woche einfach nichts tun und das Geld, das man sonst ausgeben würde, spenden. Das führt zu mehr Solidarität, zu mehr Rücksichtnahme, zu mehr Verständnis für die Lage des anderen, zur mehr Liebe einfach und macht diese Welt erträglicher, so einfach ist das. Die Einstellung ist es, die zählt. Zwei Stunden nichts tun, einfach Ruhe, sich darauf besinnen, wofür und weswegen, ohne religiösen Hintergrund (ich meine, nicht für irgendeine Gemeinschaft), ohne Erwartung irgendeiner Belohnung, einfach so, einfach zwei Stunden MENSCH sein dürfen. Ohne Versprechung auf Paradies oder sonst was, ohne jeglichen Grund, einfach Mensch sein, einfach über die Menschheit nachdenken und über sich selbst.

Also pro Land eine Kontonummer und für die ganze Welt eine übergeordnete Kontonummer, verwaltet von allen geistigen Führern dieser Welt (Friedensnobelpreisträger). Und Dalai Lama,(er hat übrigens Lederschuhe an, der fragt sich NICHT,ansonsten ist er Vegetarier(Lachen)), zuerst für die Notleidenden und dann für alle (z. B. durch gemeinsame menschheitsdienende Projekte).

Also ALLE Bürger einer Stadt, schenken einem 1 Euro und so kommt er zu seinem Startkapital (z.B: 100000 Euro)und das wiederholt sich bis alle Bürger ein Startkapital haben. Keine Lotterie, kein Glücksspiel mehr, sondern Hilfe zur Selbsthilfe. Alles läuft wie gehabt, jeder geht seine Arbeit nach und ALLE Bürger haben GELD. Keine Armut mehr und Glücksspiel. Praktizierende Nächstenliebe. Solidarität und keiner ist neidisch mehr. Keine Ellenbogengesellschaft sondern eine neue Art des Denkens und Zusammenlebens.
So einfach ist das Homo sapiens! Und das ist eine neue IDEE!!

Vor 10.000 Jahren waren wir nicht einmal 10 Millionen, erst 1900 n. C. 2 Milliarden, vor 10 Jahren 7 Milliarden und heute 8 Milliarden Menschen. Ist es dir bewusst Homo sapiens?

Vision 2

In 100 Jahren wird keins der heutigen Babys am Leben sein, aber der Wahnsinn doch, weil der Homo sapiens seine Kinder so formt und gestaltet, und es ist so einfach, das zu ändern, in drei Generationen sogar. Hört auf, sie wie Haustiere zu behandeln. Ich schlage also vor, dass die Weltorganisation UNO per demokratische Abstimmung eine gemeinsame Weltsprache wählt, die anderen nationalen Sprachen bleiben bestehen und die Kinder wachsen überall zweisprachig auf. Es fehlt dazu nur der Wille, es zu tun. Man sollte es sich so vorstellen wie in der Antike, als Griechisch die Sprache der Intellektuellen und der Philosophie war, die universale Sprache, selbst das Neue Testament ist auf Alt-Griechisch geschrieben worden, damals war Altgriechisch als natürlich betrachtet worden, in der

Zeit von Jesus. In der englischen Sprache sind mindestens 20.000 griechische Wörter erhalten und die deutsche besteht zu einem Drittel auch aus griechischen Wörtern. Diese universelle Sprache soll mit lateinischen Lehnwörtern bereichert werden, die in den meisten anderen Sprachen enthalten sind. Keine Schimpfwörter, eine andere Kommunikationsebene, Harmonie. So entsteht eine reiche Sprache, mit der man sich ausdrücken kann. Es ist sowieso die Sprache der Philosophie, der Medizin, der Physik und der Logik. Dazu bekommen die Olympischen Spiele ihre wahre Bedeutung wieder, nämlich Frieden und Harmonie zu erhalten. Die griechische Sprache hat viele neue Wörter erfunden und bewiesen, dass sie viele Wörter assimilieren,

aufnehmen, integrieren und entwickeln kann im Laufe der Jahrtausende. Und dann wäre der Turm von Babel einfach Geschichte und alles, was dazu gehört an Glauben. Einfach alles.

Außerdem: Die Menschheit hat für die meisten Dinge sowie für abstrakte Ideen denselben Begriff (z. B. Stuhl, Liebe, Universum usw.). Ich meine, es wird sowieso für die entsprechenden Begriffe irgendein Wort benutzt, wieso können wir uns dann nicht auf eine gemeinsame Muttersprache einigen? Da alle Sprachen für dieselben Dinge dieselbe Beschreibung haben, und das seit Jahrtausenden, gibt es ja Übersetzungen. Wieso verhalten wir uns so dumm und einigen uns nicht auf eine internationale Muttersprache? Ich finde es idiotisch, so viele verschiedene Wörter für dieselben Begriffe. Das ist doch

Wahnsinn, in der Epoche des Internets nach Übersetzung zu suchen. Stattdessen sollte man die Kinder zweisprachig erziehen, aufwachsen lassen mit einer internationalen Sprache und jeweils der nationalen. Allein wegen der Funktionalität des Umgangs miteinander ist es SINNVOLL. In der Stadt der Liebe (Paris) gibt es ein Denkmal mit dem Text »Ich liebe dich« in allen Sprachen und die Touristen lassen sich davor fotografieren, einfach idiotisch. Wir können unsere kulturelle Verschiedenartigkeit beibehalten und doch einig sein als Spezies, so einfach ist das. Und die ganze Menschheit kann unter den gleichen Bedingungen anfangen, deswegen eine universelle Sprache, z. B. Altgriechisch. Grammatik und Werke haben wir ja! Dann können wir endlich alle eine gemeinsame Brücke bauen für die ganze Menschheit.

Weil die KINDER wie die Schwämme sind, die nehmen alles auf, was sie serviert bekommen, von Chinesisch bis zum Altgriechisch, beide die ältesten lebendigen Sprachen übrigens.Und außerdem weil Kinder wie Streichhölzer sind, die angezündet werden müssen, nicht Fässer, die gefüllt werden müssen, so einfach. Und wie wäre es, wenn den Kindern Unterricht in allen Religionen erteilt werden würde. Und die Kinder können ab einem bestimmten Alter dann selbst entscheiden ob sie sich überhaupt für eine Religion entscheiden und wenn ja für welche. Wir reden jetzt von der Erziehung freier Menschen.Weil freie Menschen die Wahl haben. Wir müssen uns nur einigen. Ich schlage außerdem die Abschaffung des Begriffs HEIMAT(Der Begriff ist nicht einmal definiert) vor, damit wir alle kosmopolitisch werden. Und wir wechseln vom Patriarchat zum Matriarchat(Wegen der ganzen Gewalt und es wird paradiesisch noch dazu wenn der Vergleich zueinander und der Besitz weg sind z.B. Tahiti. Also die Frauen übernehmen das Ruder und die Männer werden wahre Menschen). Zuerst dies und dann gründen die Arbeiter ihre eigene Firma. Jede Sparte ihre Firma für das ganze Land. Die Firma stellt ihre spezialisierten Leute zur Verfügung, die dann wiederum von Firma zu Firma verhandeln, keine Angestellten mehr, absoluter Wettbewerb. Umstrukturierung des Arbeitsmarktes und der Gesellschaft, wir reden jetzt von freien Menschen und alle profitieren davon. Bessere Verteilung des Geldes.

Denn Sünde z. B. auf Alt-Griechisch heißt Amartia und bedeutet: falsches Ziel. In diesem Sinne gibt es keine Erbsünde. Das ist falsch verstanden und übersetzt worden, ein Wort und das bedeutet so viel. Da keine Erbsünde existiert, brauchen wir auch keinen Erlöser. Weil er ein Kind seiner Epoche war. So einfach ist das.Also richtiges Ziel, die erlebte Erfahrung, nämlich wahrhaft lebendig zu sein.

Denn er ist auferstanden, er hat seine innere Welt entdeckt, er ist wirklich lebendig, so ist das Ganze wohl zu verstehen.(Gottesreich ist in euch).Und das hat NUR Maria Magdalena verstanden, die anderen Aposteln nicht.Also die 4 Evangelien sind auch falsch.

Christus übrigens glaubte an das Gemeinschaftseingetum, der erste Kommunist also.(Lachen)

Epilog

Das Schubladendenken durchzieht alle Bereiche des heutigen Menschen. Er denkt in Kategorien, was sein politisches Leben betrifft im Parteienspektrum, was sein religiöses Leben betrifft in den Weltreligionen, einfach überall. Jeder macht seine Schublade auf, sagt seine Meinung und geht wieder rein, so hat jeder recht aus seiner Sicht der Dinge, statt die Essenz, die besten Ideen zu sammeln und einen vernünftigen gemeinsamen Nenner zu finden. Jeder macht seine Schublade auf, sagt, was er zu sagen hat, und damit hat es sich, so aber entsteht kein Dialog. Schublade auf, Schublade zu. Einfach Wahnsinn, als wären sie auf Schienen wie Züge, die nirgendwohin fahren. (Festgefahren). Wenn wir das ändern könnten und nach gemeinsamen Lösungen suchen

würden, dann sähe ich eine Möglichkeit, dass die Vernunft siegt und der wahre Dialog zwischen wahren Menschen beginnt. Denn wie du, lieber Leser, schon verstanden hast, es ist keine Frage der Herkunft, sondern der Erziehung.

Aber ich sage dir, wir entwickeln Ideen und diese verändern uns.

Wir reden jetzt über universale Liebe und Möglichkeit Mensch. Und Auferstehung ist im Hier und Jetzt und nicht nach dem Tod. Diese Erfahrung der Zeitlosigkeit unseres wahren Wesens im Hier und Jetzt, die sollen wir machen solange wir leben. Darum geht es, JETZT. Deswegen sage ich, dass alle falsch liegen (Scheiß Paradies, Karma). Denn die Begründung ist einfach, EVOLUTION.
Und Ziel der Evolution, AGAPE.

Denn Pangäa war einmal und wird wieder sein. Und alles wird dem Erdboden gleichgemacht, als wäre nichts gewesen. Kein Werk des Homo sapiens, absolut nichts.

PS:

Die Arten des Empfindens des Herzens sind gleichzeitig die Schlüssel, die das Herz des anderen öffnen. Das kann man wahrnehmen.

Das Feuer, das der Körper empfindet.

Das süße Rascheln im Herzen.

Die Welle des Herzens, die heraussprudelt, die auch den Himmel erreicht und das Universum erschüttert.

Wenn die Welle des Herzens den anderen umarmt, umhüllt und den Körper des anderen streichelt.

Die Anziehungskraft, die die Körper fühlt, da der Körper weiser ist.

Die Energie, die den Raum ausfüllt bzw. Raumzeit. Denn der Raum ist für den Wahrnehmenden homogen und voll Energie.

Das Verlangen nach dem anderen Körper. Ekstase.

Die Explosion und das Ausdehnen der Energie von mehreren Ichs, wenn man überall ist und nirgendwo.

Wenn man sich wie in einem Minenfeld fühlt, wahrnehmend die Energie der anderen Körper. Denn Gravitation ist, die Erfahrung von gestauchten Raum. (Denn nicht einmal Buddha hat es so erlebt).

Wenn die Seele Wunder vollbringt.

Oder wenn die Stimme in der Raumzeit gehört wird.

Außerdem die geistige Kraft, die das Denken bei anderen zum Stillstand bringt.

Wenn du deine Wange streichelst und eine Person in Bewegung setzst, dann bist du der Herr über dein Energiefeld.

All dies nennt man Liebe. Und sind gleichzeitig Siddhi. Und hast du eine davon erfahren, hast du schon, dein wahres Wesen erfahren.

Noch zwei-drei Sachen als Letzte:

Also: Was hat Gott 13.8 Milliarden Jahre lang getan? ER hat seine Eier gekrault und er fühlte sich ALLEIN, der Arme, als absolutes Wesen und brauchte Gesellschaft, der Arme.

Er dachte sich, ERST danach, kreieren wir doch ein paar menschenartige Spezies, mal sehen, was passiert. Jetzt ist der Homo sapiens als einzige Spezies übrig geblieben und siehe da, GOTT ist GROSS. Was für ein lächerlicher Gott ist ER.

Oder was haben WIR da erschaffen?

Zum Teufel, wo befinden sich alle, die vor Christus geboren sind, im Paradies oder Hölle?Wir reden jetzt über 200000 Jahre Homo sapiens.(Lachen)

Ein Witz: Was hat Gott gemacht als er die Dinosaurier kreierte? Er hat trainiert! (Auch Ebenbild?) Ich glaube ER hat Probleme mit seinem eigenen Ebenbild! (Lachen)

EVA man hat Dich aus dem Paradies verbannt, weggejagt und Du willst dorthin zurück? LACHEN

Das Ganze ist komisch-tragisch. All dies wegen der Religiosität des Australopithekus. Denk darüber nach Homo sapiens.

Shit happens, Jesus is born, Buddha and Mohamed. (Laughter) Denn alle drei haben nicht gewusst dass sie ein Australopithekus waren, nur Empedokles.Und alle drei missionieren.

Also eine neue Partei: Die biblischen Kommunisten mit einem neuen ökonomischen System: sozialistisch-kapitalistisch. Eine neue Art des Denkens und der Zusammenartbeit.

Eine kühne unverschämte aus der Luft gegriffene Behauptung ist doch alles Religiöse, also wenn schon übertreiben dann richtig bitte schön!
Ich bin der Erlöser des Universums! Denn ich kann den Kosmos gestalten! Wenn nicht des Multiversums! Diese Behauptung sagt doch alles oder? LACHEN.

Von Beruf bin ich ein Buddha, aber meine wahre Berufung ist es, der Erlöser des Universums zu sein.(Lachen)

Was ist los, großer Jesus? Was soll das heißen, gib mir dieses Glas nicht? Du sollst doch ins Paradies gehen! Du solltest glücklich sein! (Lachen).

But if you believe in me, I will give you a new universe. Because the world will go up in flames. Tell all the people you see! Follow me! On to new life forms! Boundless and free!

Diese Kräfte des Universums wirken auf der Erde so wie auf uns Menschen. Die Meister nennen es Intuition. Was schwingt, ist das Wasser in uns, 70 % nämlich, (70% Wasser auf der Erde, 70% dunkle Energie im Universum. Zufall?). Manche sind in der Lage, alle diese Kräfte wahrzunehmen, zu empfinden. Solche Leute werden »Erleuchtete« genannt, es ist in uns, um uns, es ist überall. So viel Lärm um NICHTS. (Lachen) EUREKA!

Denn, entsprechend dem fruchtbaren Boden an Wissen, den man vorfindet, so entsteht die entsprechende Erkenntnis, z. B. Buddha und die Brahmanen mit ihren Göttern, ihre Kategorien von Menschen, Wiedergeburt und Karma, so hat Buddha seine Ideen entwickeln können. Der damalige Wissensstand also und ich mit dem Christentum, altem Griechenland mit seinen Philosophen, dazu kommt das

Wissen von allen Religionen, die aufs Neue einfach weitergegeben werden, (die nichts anderes als die Systematisierung der Moral, Ethik sind),so habe ich auch meine Erkenntnisse gewonnen. Andere Gnosis (Wissen) damals, andere heutzutage, heute wissen wir aber mehr. Denn alles ist Epinoisi (:was man sich so ausdenkt) auf dem Altar der Evolution.

Was ist besser? Das Paradies oder ein neues Universum, das du so gestalten kannst wie du auch immer willst! Und jeder Homo sapiens wird der Erlöser in seinem Universum! Verlockend nicht wahr?(Lachen).

Alle Erwähnte sind meine Brüder!

Es gibt niemanden da draußen, der darüber urteilen kann, verstehst du Homo sapiens?

Weil alle Religionen sind Kinder der landwirtschaftlichen Revolution. So einfach ist das, Homo sapiens.

Als ob der Planet uns beseelt und die Seele nur eine Leihgabe ist, und das ist eine neue Idee.

Also Homo sapiens praktiziere du Nächstenliebe (ohne Scheuklappen),aber lass auch die Tür ein bisschen auf, für ein anderes Universum, wo siehst du da ein Problem?

Letztendlich, lieber Leser, ist alles nur eine Idee, so einfach ist das.

Es gibt Hoffnung, die Nagetiere werden den Klimawandel wieder überleben und vielleicht auch einen Asteroideneinschlag. Hauptsache, der Planet überlebt, wie bei den Dinosauriern, und in 65 Millionen Jahren gibt es uns Menschen wieder, denn so lange braucht die Evolution. Verdammt, wieder von Anfang an (Lachen). Mit der gleichen Suche, den gleichen Fragen, den gleichen Mythen, der gleichen Entwicklung. Wir können sogar alle zusammen das Ende der Menschheit genießen. Also don`t worry be happy.